DISCOURS

Sur l'Origine, les Progrès et l'Utilité de la Culture du Chinois en Europe.

MESSIEURS,

Si, comme les célèbres Professeurs dont les savantes voix ont coutume de retentir dans cette enceinte, j'étais appelé à parcourir avec vous ces séries de faits auxquelles la rigoureuse précision de leurs résultats a mérité le nom de sciences exactes; si je devais développer, pour ainsi dire, à vos yeux les beautés des grands Écrivains de Rome ou de la Grèce, enfin s'il me fallait diriger vos pas dans le champ déjà fertilisé de la littérature des Persans ou des Arabes, ma tâche, sans doute, serait plus difficile que celle qui m'est imposée ; mais aussi la marche que j'aurais à suivre serait tracée d'avance. Instruit par les leçons et par les

I

exemples du maître auquel j'aurais à succé-
der, tous mes efforts tendraient à me rap-
procher du modèle qu'il m'aurait offert ; et
si l'insuffisance de mes talens me forçait à
rester loin derrière lui, l'intérêt du sujet, et
cette sorte de caractère classique que portent
des études depuis long-temps accréditées,
me dispenseraient d'user d'aucune précau-
tion pour prévenir vos esprits en faveur de
l'objet de nos travaux communs; il me suf-
firait d'entrer en matière pour être assuré
d'une attention qui serait une ample récom-
pense de mes efforts.

Telle n'est pas à beaucoup près la situation
où je me trouve. Admis, par une grâce ines-
pérée du Souverain, dans ce Collége royal,
noble et durable monument de la munificence du Restaurateur des lettres, dans ce
Collége où ce que la France a de plus illustre
est réuni pour enseigner ce que les belles-
lettres ont de plus difficile, et les hautes
sciences de plus relevé; déjà pénétré du sen-
timent de ma faiblesse en me plaçant à côté
de tant d'hommes supérieurs , une autre
cause vient ajouter encore à mon embarras.
Nous allons aborder une terre déserte et
presque en friche. La langue dont nous nous

PROGRAMME

DU COURS

De Langue et de Littérature chinoises
et de Tartare-Mandchou ;

PRÉCÉDÉ

*Du Discours prononcé à la première Séance
de ce Cours, dans l'une des Salles du Collége royal de France, le 16 janvier 1815.*

PAR M. ABEL-RÉMUSAT,

Docteur en Médecine de la Faculté de Paris, Lecteur
et Professeur royal.

A PARIS,

CHEZ CHARLES, IMPRIMEUR, RUE DAUPHINE, N°. 36.

1815.

(5)

occuperons dans ce cours n'est connue que de nom en Europe. A peine, depuis deux cents ans, quatre ou cinq savans laborieux, dans cette partie du monde, en ont acquis une entière connaissance, et c'est pour la première fois qu'elle est l'objet d'une réunion de personnes studieuses. Parmi les gens de lettres actuellement vivans, deux ou trois tout au plus y ont fait des progrès réels : de grandes distances les séparent de nous. Nous n'avons aucun modèle à suivre, aucun conseil à espérer ; nous devons, en un mot, nous suffire à nous-mêmes, et tout puiser dans notre propre fonds. Bien plus, l'approche de cette branche de la littérature orientale a, jusqu'à ce jour, été défendue par mille préjugés capables d'en écarter tous ceux que n'animaient pas une volonté bien ferme et un courage à toute épreuve. Une prévention générale, le dirai-je même, une sorte de ridicule s'est attachée au nom seul du peuple dont nous allons étudier la langue. L'idée qu'on se forme de la difficulté de cette langue n'est surpassée que par celle qu'on a de sa bizarrerie. Et qui pourrait s'empêcher de taxer d'imprudence et de témérité l'homme qui s'engagerait dans une étude si épineuse,

sans être assuré d'y faire quelques progrès,
et d'être un jour suffisamment récompensé
de ses peines ? Avant donc de hasarder les
premiers pas dans cette carrière si peu fré-
quentée, il convient de jeter un coup d'œil
rapide sur ces différentes opinions, afin de
juger ce qu'elles ont de réel ou d'exagéré.
C'est à cet examen que sera consacrée cette
première séance.

En remontant aux motifs dont furent ani-
més ceux d'entre les Européens qui, les premiers, se livrèrent à l'étude de la langue des
Chinois, on reconnaît que les principaux et
les plus puissans ont été le désir de propager
le christianisme chez cette nation, et le besoin d'approfondir ses opinions religieuses
pour les combattre. Aussi la connaissance
du Chinois fut-elle d'abord le partage ex-
clusif des missionnaires. Plusieurs savans
très-distingués, qui avaient entrevu l'utilité
qu'on pouvait retirer de cette littérature si
nouvelle pour l'Occident, se contentèrent
d'en exalter le mérite par leurs éloges, ou
n'ajoutèrent que des erreurs aux documens
fournis par les ouvriers évangéliques.
Mais, vers le milieu du dix-septième siècle,

la querelle qui s'éleva entre les Jésuites et les Dominicains, au sujet des cérémonies pratiquées à la Chine en l'honneur de Confucius et des ancêtres, ayant donné naissance à une foule d'écrits contradictoires, la renommée des Chinois devint populaire ; les questions qui les concernaient passèrent des religieux aux savans du siècle. A cette époque, un hasard heureux avait réuni, dans la mission de la Chine, un nombre considérable d'hommes non moins recommandables par leur science que par leur piété ; et ces hommes, nous pouvons le remarquer ici, étaient tous Français. Les Pères Bouvet, Gerbillon, Lecomte, Couplet, Gaubil, Visdelou, Prémare, Parennin, et beaucoup d'autres, donnèrent à la mission un éclat scientifique qu'elle n'avait pas encore eu. Leurs ouvrages attirèrent l'attention du public et des gens de lettres sur cette Chine dont ils racontaient tant de merveilles. La défiance même qu'inspira l'enthousiasme de quelques-uns d'entr'eux, eut son utilité, en ce qu'elle fit sentir la nécessité de comparer, de discuter et d'approfondir ce que leurs relations semblaient contenir de hasardé, de contradictoire, ou de peu judicieux. En un mot, c'est aux missionnaires de notre nation, ou plutôt c'est à la France, que la littérature chinoise est redevable de ses premiers succès en Europe ; mais elle ne tarda pas à lui avoir des obligations encore plus grandes.

Un Monarque, au nom duquel se rattache toute la gloire littéraire de la France, Louis XIV, protecteur éclairé des lettres et des arts, peut être regardé comme le véritable fondateur de la littérature chinoise en Europe. Il voulut qu'on profitât de la présence d'un lettré, amené à Paris par suite des dissentions des missionnaires, pour composer et publier des ouvrages élémentaires propres à répandre dans l'Occident la connaissance du Chinois. Il la regardait avec raison, cette connaissance, comme un moyen sûr de faire cesser des querelles théologiques, qui ne reposaient que sur des mal-entendus, et de faire produire des fruits plus abondans encore et plus variés à cette mission si brillante alors. Les avantages que les marchands français qui trafiquaient à Carton, ne pouvaient manquer d'en retirer, et les nouvelles lumières qui devaient en rejaillir sur l'histoire, la géographie, les mœurs, les opinions philosophiques et religieuses des nations de l'Asie orientale, furent, pour ce prince, autant de motifs de plus de soutenir et d'encourager une branche naissante de littérature. Fourmont, sorti par son ordre de sa docte obscurité, s'occupa de travaux préparatoires, qui, s'ils eussent été achevés, auraient évité à ses successeurs une grande partie des peines qu'il avait eues lui-même.

Fourmont eut l'honorable tort d'avoir voulu trop entreprendre. Les Dictionnaires dont il avait conçu le plan auraient formé dix-huit volumes in-folio ; la mort le surprit avant qu'il eût pu même ébaucher ce prodigieux ouvrage ; mais il laissa quelque chose de plus précieux dans la personne de ses deux disciples, Deshauteraies et Deguignes, les seuls Européens non missionnaires qui aient pu lire et entendre les auteurs chinois ; car que sont auprès d'eux les Muller, les Hyde, et Bayer lui-même, qui, vers la fin de sa vie, avouait, avec une noble ingénuité, que son chef-d'œuvre en ce genre lui faisait honte ?

C'est comme on voit à LOUIS XIV, c'est encore à la munificence de ses successeurs qu'il faut rapporter la publication des beaux et importans ouvrages qui honorent notre nation, et ont vainement excité l'émulation des autres ; tels que la Grammaire chinoise, l'histoire des Huns, celle de la Chine, les Mémoires de nos missionnaires, les lettres édifiantes, et la compilation de Duhalde si souvent mise à contribution par les étrangers et par nos propres écrivains. C'est LOUIS XIV qui a ajouté à nos trésors littéraires cette mine d'un produit si riche, si elle était exploitée ; cette mine qui nous appartient par le plus noble des droits, et qui est devenue nationale par les travaux de nos compatriotes, mais que nous serions en danger de perdre et de voir passer à nos voisins, sans l'active prévoyance d'un gouvernement qui ne veille pas moins à notre gloire qu'à notre bonheur, parce que l'un et l'autre sont également son bien et son ouvrage.

Le dernier des élèves de Fourmont, Deguignes, était mort à la fin du 18e siècle sans laisser de successeur. Alors, des hommes d'un talent distingué, en Allemagne et en Angleterre, songèrent à mettre à profit nos anciens travaux, à cultiver ce champ que nous abandonnions, et à moissonner là où nous avions semé. On fut même sur le point de voir un savant très-estimable à la vérité, mais étranger à notre patrie, appelé pour suppléer à ce que Fourmont n'avait pàs eu le temps d'exécuter , et donner au monde savant le Dictionnaire chinois qu'il attendait de nous depuis tant d'années. Consultait-on mieux l'intérêt national , il y a huit ans , quand , au lieu d'un dictionnaire complet et digne de notre réputation en ce genre, on ordonnait l'impression du Vocabulaire d'un religieux italien , ouvrage utile sans doute , malgré ses imperfections , mais où rien ne nous appartient que le mérite des gravures et la beauté matérielle du livre , et qui par-conséquent fait peu d'honneur à notre éru-tion, s'il en fait beaucoup à notre typographie?

Autrefois les Français étaient de tous les Européens les mieux accueillis des Chinois, qui les trouvaient supérieurs à eux en franchise , et presque leurs égaux en politesse. Une interruption de près de vingt-cinq ans , dans les voyages que nos négocians faisaient annuellement à Canton , nous aura sans doute fait perdre une partie de cette bonne opinion , et nos voisins auront profité de cette longue absence ; pour recueillir encore notre héritage. La célèbre ambassade de 1793 a peut-être vu rester sans succès la prin-cipale mission dont elle était chargée , mais son effet certain a été d'inspirer aux Anglais ce goût général pour la Chine et ses productions, que nous avons jadis poussé jusqu'à l'engouement. Elle leur a d'ailleurs fait voir par leurs yeux une partie de ce qu'ils n'avaient jusqu'alors aperçu que par l'entremise des missionnaires catholiques. Les nouvelles relations formées par les Provinces britanniques de l'Inde avec les contrées limitrophes de l'Empire chinois, ont nécessité, il y a quelque temps, l'établissement d'une école de langue chinoise à Sirampour, au Bengale. Là se forment des interprètes pour le commerce, et des ministres qui, peut-être, profiteront des restes de nos anciennes *chrétientés*, s'il en existe encore quelques-uns, pour en attirer les membres à leur communion. Ainsi tout, dans l'intérêt des lettres, des missions et de notre commerce, se réunit pour nous commander de nouveaux efforts, si nous ne voulons perdre à jamais nos anciens droits, et rester en arrière dans cette carrière que nous avons ouverte, si nous voulons seulement rester simples rivaux, où nous étions jadis, seuls et paisibles possesseurs.

Recherchons maintenant pourquoi la littérature chinoise, forte de laprotection des souverains, n'a pourtant fait en France même que des progrès très-bornés, et comment il s'est fait que le nombre des savans qui s'y sont distingués, ait toujours été si peu considérable. Nous en trouverons les raisons dans les obstacles qui se sont opposés et s'opposeront long-temps encore à l'avancement des études orientales en général, et dans les préjugés particuliers qui ont pris racine en Europe contre la langue chinoise et le peuple qui la parle.

Parmi les premiers, il faut compter la rareté des livres, et la difficulté de se procurer des textes à étudier. Si les auteurs grecs et latins n'eussent pas été publiés en original, croit-on que la connaissance des langues latine et grecque eût jamais été fort répandue ? Aurait-elle pu, comme il est arrivé, servir de base à nos littératures modernes, si les monumens écrits dans ces deux langues fussent demeurés enfouis dans les bibliothèques, et accessibles seulement à ceux que le hasard avait placés dans leur voisinage ? Les personnes qui ont des manuscrits entre les mains ne sont pas toujours celles qui en font le plus grand ou le meilleur usage. Ce n'est que quand les copies d'un même ouvrage sont multipliées, quand il est mis, pour ainsi dire, sous les yeux de tout le monde, qu'il trouve des lecteurs, et qu'il finit par être complètement entendu. Quelle utilité n'a-t-on pas retirée de cette collection des notices et extraits des manuscrits, collection dont la première idée, dûe à l'illustre et vénérable secrétaire de l'Académie des inscriptions et belles-lettres, a tant fructifié par sa savante et utile influence, et qui peut être regardée comme un des plus grands services rendus depuis long-temps aux études historiques et philologiques, dont il est parmi nous le doyen et le modérateur? Qui pourrait contester les avantages qui sont revenus aux étudians des textes épurés, interprétés, et publiés par M. de Sacy, par ce savant infatigable, que tous ceux qui cultivent les lettres orientales se glorifient d'avoir pour maître, et que les étrangers eux-mêmes ont proclamé *le Prince des Orientalistes de notre siècle*. Cependant, il faut en convenir, l'art typographique n'a pas encore assez fait pour les langues de l'Asie occidentale ; pour la langue chinoise, on peut dire qu'il n'est pas encore né. L'édition que je prépare, d'un des

livres moraux de Confucius, édition qui ser-
vira de texte à la suite de ce cours, sera le
premier ouvrage original publié en Europe.
Je ferai tous mes efforts pour qu'elle soit
suivie de plusieurs autres, car je regarderai
toujours l'impression textuelle des bons livres, comme le plus puissant moyen de répandre la connaissance du Chinois, et les
soins qu'elle exigera comme un des devoirs
attachés à l'emploi que le Roi a daigné me
confier.

Mais ce qui peut surtout avoir contribué à
éloigner de l'étude de cette langue, ceux-là
même qui peut-être y auraient fait les progrès les plus rapides et les plus considérables,
c'est l'opinion généralement peu favorable
qu'on a conçue des Chinois dans ces derniers
temps. Les récits des missionnaires ont été
taxés d'exagération par des écrivains, qui
pour paraître impartiaux, ont cru devoir se
jeter dans l'excès opposé. On pourrait avec
moins de vingt volumes prendre sur les Chinois des renseignemens positifs et authentiques : ces volumes sont presque ignorés, et
l'on aime mieux s'en rapporter à quelques
voyageurs superficiels ou prévenus, qui n'ont
rien vu ou rien appris, et qui ne peuvent

avoir aux yeux de certaines gens, que le mérite de n'être pas missionnaires. Vingt fois les reproches faits aux Chinois ont été repoussés et réfutés victorieusement par des hommes instruits et respectables : on ne lit point ces réfutations, et l'on persiste dans les mêmes accusations. Ce n'est pas ici le lieu de les discuter, mais il est pourtant indispensable de nous arrêter à quelques points qui concernent la langue et là littérature des Chinois, et qu'il est intéressant d'examiner, en commençant un cours qui a cette langue et cette littérature pour objet.

La langue chinoise est, dit-on, la plus difficile de toutes les langues; le nombre de ses caractères s'élève à près de 100,000; les lettrés passent toute leur vie à les étudier, et quand ils sont venus à bout d'en retenir un certain nombre, l'obscurité d'un idiôme entièrement dépourvu de formes grammaticales arrête encore ceux même qui en savent le plus. C'est ainsi qu'on fait violence aux expressions de quelques Jésuites, pour en tirer des conséquences exagérées ou entièrement fausses. Qu'il me soit permis de répondre à ces assertions par des faits. Peu de temps après son arrivée à la Chine, avant qu'on eût composé un seul ouvrage élémentaire, le célèbre Mathieu Ricci, fondateur de la mission de cet Empire, savait déjà assez bien le chinois pour composer en cette langue des traités qui sont encore estimés des lettrés eux-mêmes, pour la pureté du style et l'élégance de la diction. Des exemples de ce genre ne sont pas rares : il n'est presque pas un seul missionnaire qui ne soit revenu de la Chine, après quelques années de résidence, avec une connaissance suffisante de cette langue, et tous n'étaient pas des Gaubil, des Verbiest, ou des Amiot. Que si d'autres personnes, après avoir habité quelque temps à Canton, se sont trouvées à leur retour en Europe, hors d'état d'entendre le moindre livre, on ne doit l'attribuer qu'à leur inaptitude personnelle, ou au genre des occupations auxquelles elles se sont livrées, ou enfin à leur séjour dans une ville toute commerçante, presqu'entièrement privée de secours littéraires, et où les usages natiouaux ne leur permettaient guère de fréquenter que des hommes absolument illettrés.

Pour le nombre des caractères, qu'importe qu'il soit presque infini, s'ils sont pour la plupart inutiles, s'il suffit d'en connaître deux ou trois mille pour lire avec plaisir les livres ordinaires, si de bons et savans dictionnaires nous présentent les autres dans un ordre où il soit facile de les retrouver ? S'imaginerait-on d'ailleurs que ces caractères soient entr'eux sans analogie, et que la connaissance des uns ne fasse rien pour celle des autres ? Ne sait-on pas au contraire que réduits par l'analyse à un petit nombre de clefs ou de racines, ils se recomposent suivant des régles plus constantes, et par conséquent plus aisées à retenir, que celles qui président à la formation des dérivés dans les langues les plus savantes ? Croirait-on l'écriture chinoise plus difficile à apprendre, parce qu'elle représente des idées, au lieu de figurer des sons ? Mais cela même la rend à mon avis plus facile à graver dans la mémoire. L'esprit avec elle n'a qu'une opération à exécuter, au lieu que dans toutes les autres langues, on n'a rien quand on n'a que le son d'un mot, parce qu'il ne conduit presque jamais à sa signification. Savoir lire n'est rien dans les langues ordinaires : c'est tout dans la langue chinoise ; sans compter qu'il est plus facile à la mémoire de retenir des symboles ingénieux et pittoresques, que des prononciations bizarres ou insignifiantes; de même que l'imagination est plus frappée d'une action figurée sur un tableau par un peintre habile, que de la même action imparfaitement rendue par des paroles ou par tout l'art du musicien.

Quant au défaut de formes grammaticales allégué par les détracteurs de la langue chinoise, je souhaiterais qu'il fût aussi réel qu'ils se plaisent à le représenter. Des trois styles que reconnaît cette langue, le plus ancien est le plus clair et le plus beau, parce qu'il est le moins chargé de ces ornemens frivoles, ou de ces règles superflues, qui font en grande partie la difficulté des autres langues. Au surplus, ceux qui les croient nécessaires pour l'intelligence du discours, et qui se plaisent à voir dans une phrase, au lieu d'idées, les rapports des mots les uns avec les autres marqués par des signes exprès, et leur arrangement déterminé par des conventions compliquées, étudièront avec plaisir la langue des livres modernes, et surtout cette langue parlée, si riche en règles grammaticales, contre l'opinion commune, et où de vingt mots qui composent une période, la moitié sont consacrés à lier ou à arrondir les mem-

bres de phrases, ou bien à marquer les circonstances de l'action.

Cette nature singulière de l'écriture chinoise, qui consiste à représenter immédia-
tement les idées par des symboles convenus,
au lieu de les rappeler à la mémoire par l'in-
termédiaire des sons, lui appartient exclusi-
vement, depuis que les hiéroglyphes égyp-
tiens ont cessé d'être en usage ; et c'est un
des rapports sous lesquels elle peut davan-
tage piquer la curiosité. Si dans les langues
ordinaires, l'étymologie et l'analyse donnent
quelquefois lieu à des résultats intéressans,
en rendant sensibles dans les mots l'origine
et la progression des idées, quel attrait ne
doit pas avoir l'examen de ces caractères an-
tiques, où un peuple qui touche aux premiers âges du monde a renfermé tant de tra-
ditions, et tracé, sans le vouloir, l'histoire
de ses plus anciennes pensées et des opéra-
tions les plus secrètes de son entendement !
Quel plaisir pour un métaphysicien de retrouver, en analysant l'un des caractères du
I-king ou du *Chou-king*, quelqu'un de ces
rapprochemens d'autant plus singuliers qu'ils
tiennent moins à la nature des choses, d'as-
sister comme (par intuition aux raisonne-

mens de *Tcheou-koung* ou de Confucius, de réaliser, en un mot, le vœu de Buffon ou de Condillac, en reconnaissant les premiers pas de la raison humaine, et la surprenant, pour ainsi dire, dans ses premiers écarts !

Combien d'Occidentaux seraient portés à croire que les Chinois en sont restés à ces premiers pas, à ces premiers écarts ! Dussai-je encourir le reproche d'enthousiasme et de partialité en faveur d'un peuple à la littérature duquel je me suis appliqué depuis plusieurs années, j'essayerai de ramener les esprits à une opinion moins défavorable. Il est peu d'Européens qui ne sourient en entendant parler de la géométrie des Chinois, de leur astronomie ou de leur histoire naturelle. Mais, s'il est vrai que les progrès que ces sciences ont faits parmi nous depuis deux siècles, nous dispensent de recourir aux connaissances de ces peuples éloignés, doit-on pour cela renoncer à constater exactement quel est leur état actuel, et surtout quel a été leur état ancien chez une nation qui n'a jamais cessé de les cultiver et de les honorer ? Les propriétés du triangle-rectangle étaient connues à la Chine deux mille deux cents ans avant l'ère chrétienne. Les travaux du grand *Iu*, pour contenir deux fleuves égaux en impétuosité et presque en largeur aux grands fleuves, de l'Amérique, pour diriger les eaux de cent rivières, et ménager leur écoulement sur un terrain de plus de cent mille lieues carrées, en sont une preuve plus que suffisante. Je dirais, si je ne craignais de choquer trop directement les idées reçues, que j'ai trouvé, dans un Dictionnaire chinois dont l'époque est bien antérieure à la découverte de l'attraction, le flux et le reflux clairement attribués à leur véritable cause, *à l'amour de la lune pour la terre.* Si les théories astronomiques de ces peuples sont défectueuses, leurs catalogues d'éclipses et de comètes n'en sont pas moins intéressans, et si l'on veut que les Chinois se trompent dans leurs calculs, du moins on avouera qu'ils ont, comme nous, des yeux pour observer. D'ailleurs, l'économie rurale et domestique est assez perfectionnée chez eux, pour qu'ils puissent nous apprendre à nous-mêmes beaucoup de choses utiles : c'est du moins ce qu'assurent ceux qui ont fait de cette science l'objet de leurs études. Quant à leurs descriptions des êtres naturels, outre que rien ne peut y suppléer, tant que les Européens n'auront pas un libre accès dans leur pays, elles ne sont point à dédaigner chez un peuple aussi exact et aussi minutieux ; et j'espère prouver, par une Botanique uniquement rédigée d'après leurs écrivains, que ces derniers sont autant au-dessus des naturalistes latins ou du moyen âge, qu'ils sont inférieurs aux Linné, aux Jussieu ou aux Desfontaines.

Mais si des sciences exactes et naturelles nous passons aux belles-lettres, à la philosophie, à l'histoire, ces mêmes Chinois, qui soutenaient à peine avec nous un instant de comparaison, pourront prétendre à nous servir de modèles. Une littérature immense, fruit de quarante siècles d'efforts et de travaux assidus ; l'éloquence et la poésie s'enrichissant des beautés d'une langue pittoresque, qui conserve à l'imagination toutes ses couleurs ; la métaphore, l'allégorie, l'allusion concourant à former les tableaux les plus rians, les plus énergiques ou les plus imposans ; d'un autre côté, les annales les plus vastes et les plus authentiques que nous tenions de la main des hommes, déroulant à nos yeux les actions presque ignorées, non seulement des Chinois, mais des Japonais, des Coréens, des Tartares, des Tibétains ou des habitan

de la presqu'île ultérieure , ou nous déve-
loppant les dogmes mystérieux de Bouddha ,
ou ceux des prétendus sectateurs de la raison ,
ou consacrant enfin les principes éternels et
la philosophie politique de l'école de Confucius ; voilà les objets que les livres chinois
offrent à l'homme studieux, qui , sans sortir
d'Europe , voudra voyager en imagination
dans ces contrées lointaines. Plus de cinq
mille volumes ont été rassemblés à grands
frais à la Bibliothèque du Roi : leurs titres
seulement ont été lus par Fourmont ; quelques ouvrages historiques ont été entr'ouverts
par Deguignes et par Deshauteraies ; tout le
reste attend encore des lecteurs et des tra-
ducteurs.

Pour les avantages que doivent retirer les
voyageurs de la possibilité de puiser ici les
principes élémentaires du chinois , ils sont
si palpables que je ne m'arrêterai pas à les
détailler. Le temps que les missionnaires
arrivés à la Chine ont toujours été forcés de
dérober à leurs fonctions apostoliques pour
se livrer à l'étude, les difficultés qui en-
travent les moindres négociations chez un
peuple dont on ignore la langue ; les embarras qu'entraîne l'emploi des interprêtes ,

tous ces inconvéniens communs au missionnaire et au négociant seront considérablement atténués par des études préliminaires. Familiarisé d'avance avec l'écriture, le style de la conversation et la connaissance des bons auteurs, connaissance qui est à la Chine la plus puissante de toutes les recommandations, il ne restera à l'homme ainsi préparé qu'une étude de quelques semaines, pour saisir la véritable prononciation et cet accent musical qui ne peuvent s'apprendre qu'au milieu des naturels.

QUELS que puissent être, au reste, les avantages religieux, littéraires, commerciaux ou même politiques de la culture du chinois en France, il fallait, pour qu'ils fussent convenablement appréciés, une réunion bien rare et un concours de circonstances que le Ciel n'accorde pas souvent aux vœux des peuples. Un Monarque doué du génie le plus pénétrant et des lumières les plus étendues, et qui, comme on l'a dit d'un des plus grands Empereurs de la Chine, s'il n'était le premier prince de l'Univers, serait le premier homme de lettres de son Empire, a confié le ministère de la paix et des arts à des mains dignes de les faire fleurir. Sage dispensateur des grâces royales, un nouveau Colbert sait les diriger sur les études qui ont le plus besoin d'encouragemens et de secours. Il sait que la supériorité de la France n'est pas bornée aux armes, et qu'à côté de la gloire qui épouvante la terre, nos princes ont toujours fait asseoir celle qui l'éclaire et qui la console. Achevant après cent ans ce que LOUIS XIV avait projeté en 1715, le Roi accorde à la littérature chinoise le bienfait d'un enseignement public, et l'assimilant par là aux autres branches de la littérature orientale, il lui permet d'espérer qu'elle aura quelque jour aussi ses Golius et ses Silvestre de Sacy. Heureux et fier d'être leur précurseur, si mon zèle et mes efforts suppléant à mes talens, je puis contribuer à hâter cet instant, toute mon ambition sera satisfaite, et j'oserai même croire ne pas avoir été tout à fait indigne de l'honneur que j'ai reçu.

PROGRAMME.

———

Discours sur l'Origine, les Progrès et l'Utilité de la Culture du Chinois en Europe.

LANGUE ET LITTÉRATURE CHINOISES.

Langue parlée. Nombre des mots chinois. — Sons initiaux ou consonnes. — Sons finaux ou voyelles. — Quatre tons. — Changemens de ton. — Méthode chinoise pour les indiquer. — Méthode européenne. — Mots homophones; équivoques qui en résultent, moyen de les éviter. — *Thsiëi* ou analyse des sons. — Noms propres, sons étrangers. — *Hiang-than* ou prononciations provinciales; Dialectes du *Fou-kian*, de Canton; Langues japonaise, anamitique.

Langue écrite. — Cordelettes nouées de *Souï-jin*. — *Koua* de *Fou-hi*, 3ooo ans avant l'ère vulgaire. — Caractères inventés par *Thsang-hieï*, 2628 ans avant J.-C., *Chou-khi*, *Kho-teou*, *Niao-tsi*; inscription de *Iu*. —Caractères inventés sous *Siouan-wang*, au 9e siècle avant l'ère chrétienne, *Ta-tchhouan*. — Caractères *Siao-tchhouan*, inventés sous *Thsin-chi-hoang* au 3e siècle. — Ecriture *Li*, ou carrée. — Ecriture *Kiaï*, ou régnlière des livres modernes. — Ecriture *Hing* ou courante. — Ecriture *Thsao*, ou tachygraphie inventée sous *Han-tchang-ti*. — Caractères fantastiques de l'éloge de *Moukden*. — Caractères *Tching* ou exacts.—Variantes, abbréviations.

Lou-chou ou les six règles pour former les caractères.—*Siang-hing*, caractères figuratifs. — *Tchi-sse*, caractères indicatifs. — *Hing-ching*, caractères indicatifs du son. — *Hoeï-i*, caractères combinés. — *Tchhouan-tchu*, caractères inverses. — *Kia-tsieï*, caractères métaphoriques.

Ecriture *Li* ou *Kiaï*, décomposée sous le point de vue des Dictionnaires. — Systèmes de clefs; exposé de celui qui en contient 214. — Art d'écrire les caractères, de compter les traits.

Phraséologie, styles : *Kou-wen* ou style antique des *King*. — *Wen-tchhang* ou style oratoire. — *Kouan-hoa* ou style mandarinique. — *Siao-choue* ou style vulgaire.

Grammaire, parties du discours. — Mots vides ou particules. — Mots pleins, distingués en *vifs* ou verbes, et *morts* ou substantifs et adjectifs.

Particules dans le *Kou-wen*, — dans le *Kouan-hoa*.

Explication du monument de *Si-'an-fou*, de l'orphelin de la famille de *Tchao*, de fragmens divers en *Siao-choue*, du 2ᵉ livre moral de Confucius, de plusieurs chapitres du *Chou-king*, de quelques odes du *Chi-king*, des harangues tirées de l'histoire générale ; et de l'histoire des peuples étrangers de *Ma-touan-lin*.

LANGUE MANDCHOU.

Comme le Mandchou, langue maternelle des Tartares actuellement maîtres de la Chine, peut être d'un très-grand secours dans l'étude du Chinois, et suppléer même en partie à cette étude, à cause du grand nombre de traductions qu'on possède en cette langue à la Bibliothèque du Roi, Sa Majesté a ordonné que l'enseignement du Mandchou fit partie du cours de langue et de littérature chinoises. En conséquence, on exposera les principes de cette langue, dont le système alphabétique et grammatical s'écarte beaucoup moins de celui de nos langues ordinaires que le mode d'écriture et la phraséologie propres à la langue chinoise. On passera ensuite à l'explication des *King* et des livres moraux traduits en Mandchou, et à la comparaison de ces versions avec les originaux chinois.

LES Ouvrages nécessaires pour suivre le cours de langue chinoise, sont : La *Grammatica sinica* d'Étienne Fourmont ; les *Meditationes sinicæ* du même auteur, et le Dictionnaire chinois-latin du P. Basile de Glemona, publié par M. Deguignes le fils. On pourra consulter aussi avec avantage deux Mémoires du P. Cibot, insérés dans les tomes VIII et IX de la Collection des *Mémoires des Missionnaires français* ; une Lettre du P. Mailla, placée à la fin du *Chou-king* du P. Gaubil ; une Explication des clefs avec

une Dissertation sur le Chinois, par Deshauteraies, dans l'*Encyclopédie* élémentaire de
l'abbé Petity, et l'*Essai sur la langue et la
littérature chinoises*, où se trouvent des textes
traduits et commentés. (1)

---

(1) Le mérite et l'utilité de ces différens ouvrages, et
de plusieurs autres sur les mêmes matières, se trouvent
discutés dans une brochure que j'ai publiée en 1814,
sous le titre de *Plan d'un Dictionnaire chinois*. (Paris,
CHARLES et PILLET, in-8°.)
Cette brochure qui n'a pu être fort répandue, à cause
des circonstances au milieu desquelles elle a été mise au
jour, contient une histoire critique et abrégée des travaux des Européens sur la Langue chinoise, destinée à
diriger les Commençans dans le choix des livres élémentaires, et à leur faire éviter les erreurs dont ces livres ne
sont pas exempts. Un tel motif peut faire excuser la sévérité des jugemens que j'ai cru devoir porter. J'ajouterai que le plan que j'y ai tracé pour un nouveau Dictionnaire chinois et un ouvrage introductif et grammatical, n'est point, comme quelques personnes ont pu le
penser, un projet purement imaginaire, mais que c'est
l'exposé des principes d'après lesquels je travaille à ce
dernier ouvrage, et de ceux que je voudrais suivre dans
la rédaction du premier, si quelques personnes studieuses
voulaient se joindre à moi pour élever en commun à
la littérature chinoise ce nouveau monument digne
par son importance et son utilité de paraître en France
et sous les auspices du prince qui la gouverne.

Pour le Mandchou, les *Elementa linguæ tartaricæ* du P. Gerbillon, insérés dans la Collection de Melchisedec Thévenot, ou la traduction française de cet ouvrage, imprimée dans le tome XIII des *Mémoires concernant les Chinois*, le *Dictionnaire Tartare-mantchou-français* du P. Amiot, et la 3e édition de l'*Alphabet mantchou* de M. Langlès, sont les seuls livres qui soient nécessaires aux étudians.

De l'impr. de CHARLES, rue Dauphine, n°. 36.